Srebrna krila | *Silver Wings*

Katsuhiko Tokunaga • Heinz Berger

Srebrna krila

U službi i zaštiti Hrvatske

Silver Wings

Serving and Protecting Croatia

Katsuhiko TOKUNAGA

(Fotografija / *Photography*)

Heinz BERGER

(Koordinacija / *Co-ordination*)

HARPIA
PUBLISHING+

Harpia Publishing, L.L.C. is a member of

Layout & typesetting by Norbert Novak, www.media-n.at, Vienna
Printed at Grasl Druck, Austria

ISBN 978-0-9825539-1-6

Sadržaj

Contents

Predgovor

Prvi put sam posjetio Hrvatsku 1984. kada je ona bila još u okviru Jugoslavije. Imao sam prilike uživati u njenim prirodnim ljepotama i kulturnom bogatstvu.

Godine 1991. prije početka Domovinskog rata, letio sam u Zadru u timu tadašnje jugoslavenske momčadi akrobatskog letenja „Leteće zvezde". Petnaest godina od rata za neovisnost, moj kontakt s Hrvatskom ostvarivao se kroz televiziju i praćenje nastupa istaknutih sportaša.

Bio sam jako zahvalan za ovaj projekt kojim sam obnovio svoju vezu s Hrvatskom i u kojoj sam imao prilike fotografirati više od 10 puta. Ovim projektom sam dobio mogućnost upoznati svaki dio ove lijepe zemlje i obnoviti stara prijateljstva s pilotima koje sam poznavao od prije. Kada mi je bilo omogućeno da u Zadru letim s akrobatskom skupinom „Krila Ouje" imao sam rijetku priliku letjeti iz iste zračne luke i s istim pilotima kao i prije 15 godina, ali tada u timu akrobatske skupine jedne druge zemlje.

Još veće iskustvo bilo je osjetiti i doživjeti kako se ova mlada neovisna zemlja oporavila od posljedica Domovinskog rata i kako napreduje sigurnim koracima u budućnost. Radi se o maloj zemlji s manje od pet milijuna žitelja ali je njena vitalnost i silna želja za izgradnjom vlastite domovine jaka kao ni u jednoj drugoj zemlji.

Dodao bih na kraju još nekoliko riječi zahvale koje upućujem Hrvatskom ratnom zrakoplovstvu koje mi je omogućilo napraviti sve ove fotografije. Riječi zahvale upućujem dr. Heinzu Bergeru, prijatelju kojeg već dugo poznajem a koji je istovremeno i koautor ove knjige. Bez njegove izuzetne predanosti i angažmana tijekom posljednje tri godine, ova monografija nikada ne bi bila objavljena. Iako sam zadovoljan činjenicom što se ovaj projekt uspješno privodi kraju, osjećam u sebi malo i tugu jer su ovime i naša putovanja u Zagreb privedena kraju.

Preface

I first visited Croatia in 1984 when it was still a part of Yugoslavia. A combination of its natural beauty and cultural abundance began a fascination with the country.

In 1990 I had an opportunity to fly with Letece Zvesde, then Yugoslavia's national aerobatic team, in Zadar, before the civil war put an end to my visits to Croatia. For the first 15 years after its independence in 1991, my only contact with the country was through following its sports stars on television.

I was therefore very grateful for this project, which rebuilt my relationship with Croatia. I ultimately visited more than 10 times to take photographs for this book, giving me the opportunity to explore every corner of this beautiful country. At the same time, I was able to renew my old friendships with the pilots whose acquaintance I made in the days of Yugoslavia. Flying with Krila Oluje in Zadar, I had the rare experience of flying from the same airfield with the same pilot with whom I had flown 15 years before – back then in a different aerobatic team belonging to a different country.

An even more special experience was to see this newly independent country recover from the scars left by the civil war and make steady progress towards the future. It is a small nation with a population of less than five million; however, their vitality and passion towards the goal of constructing their own homeland are as strong as in any other country.

In conclusion, I would like to add a few words of gratitude to the Croatian Air Force, which gave me the opportunity to take these photographs, and to Dr Heinz Berger, a long-term friend and co-author of this book. Without his passion and precise arrangements over the last three years, this book would never have been published. Although I am satisfied that the project has now been successfully completed, I can't help but feel a touch of sadness that our trips to Zagreb have come to an end.

Katsuhiko TOKUNAGA

Ulipnju 1995. počeo sam pisati o Hrvatskom ratnom zrakoplovstvu (HRZ) u različitoj periodici o zrakoplovstvu koja se publicira diljem svijeta. Hrvatsko ratno zrakoplovstvo pratim još iz vremena domovinskog rata, počevši od razdoblja njegove reorganizacije pa do najnovijeg pristupa NATO-u. Moja mnogobrojna putovanja u zemlju, koja su rezultirala mnogobrojnim osobnim kontaktima, dali su mi temeljiti uvid u sposobnost i različitost zadataka HRZ.

Deset godina nakon publiciranja mnogobrojnih radova o ovoj temi, došao sam na ideju da u jednoj foto-monografiji i u sažetoj formi ujedinim i prikažem cjelokupni rad i djelovanje HRZ-a. Slijedeći logični korak poslije toga, bio je, prezentirati Katsuhiko Tokunagu kojeg sam susreo u svibnju 2006. godine. U to vrijeme je on već bio čuo o novoj hrvatskoj akro grupi "Krila Oluje". Susret s njim je bio početak jednog projekta koji je s velikim entuzijazmom potpomognut od strane Hrvatskog ratnog zrakoplovstva i Ministarstva obrane Republike Hrvatske. Poslije smo naš zajednički projekt isplanirali kako bismo se mogli pilagoditi operativnim aktivnostima HRZ i njihovim regularnim aktivnostima kao što su treninzi i letovi.

Posebno se zahvaljujem Katsuhiko Tokunagi koji je stavio na dispoziciju svoje tridesetogodišnje iskustvo u radu na području sigurnosti letenja kao i vlastito iskustvo u svezi s efikasnošću i kvaliteti fotografije. Katsuhiko Tokunaga je od prvotne ideje pa do konačnog rezultata bio odgovoran za izradu svih fotografskih priloga u knjizi. Nakon skoro tri i pol godine rada i napora kojeg smo uložili, ponosni smo prezentirati Vam plodove našeg zajedničkog truda.

Pažljivi čitatelj će zasigurno postaviti pitanje, zašto se u jednoj ovakvoj monografiji o Hrvatskom ratnom zrakoplovstvu nalazi i poglavlje o Zrakoplovo-tehničkom zavodu (ZTZ). Odgovor je jasan: *Ne postoji zrakoplovstvo bez Zrakoplovo-tehničkog zavoda i obrnuto, ne postoji Zrakoplovo-tehnički zavod bez zrakoplovstva.*

Na kraju želim iskazati svoju duboku zahvalnost na nesebičnoj potpori, strpljenju i susretljivosti djelatnicima MORH-a i Glavnog stožera kao i svim časnicima, pilotima i tehničarima Hrvatskog ratnog zrakoplovstva. Bez njihovog angažmana i truda, ova knjiga nikada ne bi ugledala svjetlost dana.

Najsrdačnije se zahvaljujem.

*I*n June 1995 I began to cover the Croatian Air Force for various aviation publications around the world. I followed the air arm from its independence in 1991 (the period otherwise known as the Homeland War), through its reorganisations, and until its recent NATO membership. My numerous visits to the country and the resulting personal contacts gave me an in-depth view of the capabilities and manifold assignments of the Croatian Air Force.

After some 10 years of publishing numerous articles on the subject, I conceived the idea to summarise all the activities of the Croatian Air Force in a photo-monograph. It was therefore a natural step to present the idea to Katsuhiko Tokunaga when I met him in May 2006, at which time he had already heard about a new Croatian military display team – Krila Oluje. The meeting marked the beginning of this project, which has been supported with great enthusiasm by the Croatian Air Force as well as the Ministry of Defence. From then on it has been necessary to plan and adjust our project to fit around the air force's operational taskings and its regular daily training and flying activities.

My very special thanks are of course due to Katsu, who brought more than 30 years of experience in terms of flight safety, efficiency and quality. From the initial ideas to the final results, Katsu was responsible for creating all the photographs contained in this book. After some three and a half years of co-operation and common efforts we are now proud to be able to present the results of our collaboration.

The more observant reader might ask why a chapter concerning the ZTZ maintenance facility is included in a book about the Croatian Air Force. The answer is simple: 'There is no air force without the ZTZ and no ZTZ without the air force!'

Last but not least, I wish to express my deep gratitude to the members of the Ministry of Defence, the General Chief of Staff and all the officers, pilots and technicians of the Croatian Air Force for their support, patience and friendship. Without their help this book simply could never have been realised.

Heinz BERGER

Povjesni pregled

▶ **17. kolovoza 1990.**
Pobuna u Kninu – helikopteri hrvatske policije pod prijetnjom obaranja od strane Jugoslavenske Narodne Armije prisiljeni na povratak.

▶ **17.–22. listopada 1990.**
Potaknuti širenjem pobune, dragovoljci iz aeroklubova Split / Sinj i Slavonski Brod formiraju zrakoplovne grupe.

▶ **1. lipnja 1991.**
Nakon što je u travnju postala zrakoplovno odjeljenje novoformirane 4. brigade Zbor nacionalne garde (ZNG), zrakoplovna grupa Split / Sinj prerasta u samostalni zrakoplovni vod (SZV).

▶ **15.–16. lipnja 1991.**
SZV noću bombardira pobunjeničke položaje kod Knina.

▶ **2. srpnja 1991.**
Zrakoplovna grupa formirana u Aeroklubu Čakovec; kasnije tokom mjeseca, zrakoplovna grupa formirana u Aeroklubu Vrsar.

▶ **31. srpnja 1991.**
ZNG se izdvaja iz sastava policije i reorganizira – u Zapovjedništvu ZNG stvorena zrakoplovna grupa.

▶ **8. rujna 1991.**
Prvi zračni napad JRV-a na civilne aerodrome u Hrvatskoj – na Čepinu uništen dvokrilac An-2.

▶ **22. rujna 1991.**
ZNG oštećuje i zarobljava Mi-8 JRV-a kod Petrinje.

▶ **15.–16. listopada 1991.**
Formiranje postrojbi Hrvatske vojske (HV) od zrakoplovnih grupa: u Čakovcu se formira Laka borbena eskadrila višestruke namjene, u Slavonskom Brodu SZV 108. brigade, dok u Đakovu nastaje novi SZV.

▶ **25. listopada 1991.**
Kapetan Rudolf Perešin prebjegao u MiG-u 21R iz Bihaća na aerodrom Klagenfurt u Austriji.

▶ **2. studenoga 1991.**
An-2 iz Đakova vrši prvu dostavu potrepština zračnim putem u okruženi Vukovar; nekoliko dana kasnije počinju bombarderski letovi.

Historical Milestones

▶ *17 August 1990*
Knin rebellion – Croatian Police helicopters sent to intervene are turned back by the Yugoslav People's Army (JNA) under threat of being shot down by MiG-21 fighters

▶ *17–22 October 1990*
As the rebellion spreads, volunteer Air Groups form at Split/Sinj and Slavonski Brod Air Clubs

▶ *1 June 1991*
After being incorporated into the newly formed 4th Brigade ZNG (National Guard Corps) as an Air Detachment, the Split/Sinj Air Group evolves into the brigade's Independent Air Platoon (IAP)

▶ *15–16 June 1991*
First (night) bombing sortie by IAP in Knin area

▶ *2 July 1991*
Air Group forms at Čakovec Air Club; later the same month, another Air Group forms at Vrsar Air Club

▶ *31 July 1991*
ZNG separates from the police and reorganises in a more military manner – formation of the ZNG HQ Air Group

▶ *8 September 1991*
First Yugoslav Air Force strike on a civil airfield in Croatia – destruction of an agricultural An-2 biplane at Čepin

▶ *22 September 1991*
ZNG damages and captures a JNA Mi-8 helicopter near Petrinja

▶ *15–16 October 1991*
Air Groups are re-formed into HV (Croatian Army) units: Čakovec group becomes a Light Multi-Role Combat Squadron, Slavonski Brod group becomes the 108th Brigade Platoon, and a new Independent Air Platoon is formed at Đakovo

▶ *25 October 1991*
Capt Rudolf Perešin flies his MiG-21R from Bihać to Klagenfurt in Austria

▶ *2 November 1991*
First aerial supply sortie to the encircled town of Vukovar, by a Đakovo-based An-2; bombing sorties follow within days

▶ **9. studenoga 1991.**
An-2 nestao u udesu u Đakovu; nema stradalih.

▶ **26. studenoga 1991.**
Samostalno zrakoplovno odjeljenje s dva aviona formirano kod Bjelovara.

▶ **02. prosinca 1991.**
An-2 na letu za Vukovar oboren raketom "Kub" kod Vinkovaca; posada poginula. Ovo je bila prva posada HRZ-a koja je poginula u akciji.

▶ **12. prosinca 1991.**
Zapovjed o ustroju Zapovjedništva Hrvatskog ratnog zrakoplovstva; borbene postojbe ostaju podređene zapovjedništvima operativnih zona.

▶ **3. siječnja 1992.**
"Sarajevsko primirje"

▶ **5. siječnja 1992.**
MiG-21 JRV-a obara helikopter ECM u blizini Varaždina.

▶ **15. siječnja 1992.**
Formirano Zapovjedništvo HRZ-a.

▶ **17. siječnja 1992.**
U zb Pleso ustrojena 1.lovačka eskadrila (bez aviona).

▶ **26. siječnja 1992.**
An-2 na vježbovnom letu pao kod Sinja; poginulo pet ljudi.

▶ **4. veljače 1992.**
Danijel Borović prebjegao u MiG-u 21bis iz Bihaća u zb Pula.

▶ **veljača–svibanj 1992.**
Reorganizacija zrakoplovnih postrojbi i relokacija u zrakoplovne baze.

▶ **15. svibnja 1992.**
Dva pilota prebjegla u MiG-u 21bis iz baze u Srbiji.

▶ **22. lipnja – 31. prosinca 1992.**
Zračna veza s okruženim područjem Sjeverozapadne Bosne ("Bihaćki džep").

▶ **24. lipnja 1992.**
MiG-21bis "101" HRZ oboren nad Sjevernom Bosnom.

▶ *9 November 1991*
An-2 lost in a crash at Đakovo; no casualties

▶ *26 November 1991*
A two-aircraft Independent Air Detachment is formed at Bjelovar

▶ *2 December 1991*
Vukovar-bound An-2 shot down by a Kub surface-to-air missile near Vinkovci; four KIA. The first CAF crew killed in a combat mission

▶ *12 December 1991*
An order is issued calling for formation of the Croatian Air Force (CAF) HQ. All flying units remain subordinated to the Operation Zone commands

▶ *3 January 1992*
'Sarajevo ceasefire'

▶ *5 January 1992*
A JNA MiG-21 shoots down an ECM helicopter in the Varaždin area

▶ *15 January 1992*
Formation of the CAF HQ completed

▶ *17 January 1992*
1st Fighter Squadron formed at Pleso airbase (with no aircraft)

▶ *26 January 1992*
An-2 crashes near Sinj during a training flight, killing all five on board

▶ *4 February 1992*
Danijel Borović defects from Bihać in a MiG-21bis, landing at Pula airbase. It is the first combat aircraft in CAF inventory

▶ *February–May 1992*
Reorganisation of CAF units and relocation to different air bases

▶ *15 May 1992*
Two more pilots defect from Serbia in MiG-21bis fighters

▶ *22 June–31 December 1992*
Airlift to the 'Bihać pocket' (northwest Bosnia)

▶ *24 June 1992*
CAF MiG-21bis '101' shot down near Sava River, Bosnia

▶ **srpnja 1992.**
Dva preostala MiG-a bombardiraju neprijatelj-ske položaje tijekom borbi za prekid blokade Dubrovnika.

▶ **prosinca 1992.**
Prva četiri novonabavljena helikoptera Mi-8 za HRZ stižu u Hrvatsku.

▶ **22.–25. siječnja 1993.**
Helikopteri prevoze ljudstvo tijekom Operacije "Gusar" (Maslenica).

▶ **ljeto 1993.–proljeće 1994.**
Hrvatska u tajnosti nabavlja deset helikoptera Mi-24 i veći broj MiG-ova 21.

▶ **rujna 1993.**
Reorganizacija HRZ-a: formira se deset eskadri-la smještenih u pet zrakoplovnih baza; uslijed nedostatka letjelica, djeluje samo šest eskadrila.

▶ **14. rujna 1993.**
U napadu na pretpostavljene položaje raketa FROG-7 kod Petrinje, HRZ gubi MiG-21bis "103".

▶ **jesen 1994.**
Zračni most obnovljen za "Bihaćki džep", traje do pada Bosanske Krajine.

▶ **listopada 1994.**
Mornaričko-zrakoplovna vježba "Posejdon '94".

▶ **prosinca 1994.**
Mi-8 HRZ-a prevoze više od 1200 vojnika i pre-ko 500 kg opreme tijekom Operacije "Zima-94".

▶ **1.–2. svibnja 1995.**
MiG-ovi djeluju u operaciji "Bljesak"; satnik Perešin poginuo u MiG-u 21bis "119".

▶ **4. kolovoza–15. rujna 1995.**
Borbeno djelovanje MiG-ovima u operaciji "Oluja", a s Mi-24 u operaciji "Maestral".

▶ **listopada 1995.**
HRZ dobiva dva transportna zrakoplova An-32.

▶ **travnja 1996.**
U Hrvatsku stižu prva tri školska aviona Pilatus PC-9.

▶ **7. srpnja 1996.**
Pojavom na aeromitingu "Wings over Aviano" 1996, HRZ prvi put sudjeluje na nekom među-narodnom događaju.

▶ *July 1992*
Two remaining MiGs fly bombing sorties during the battle to relieve Dubrovnik

▶ *December 1992*
Arrival in Croatia of the first four Mi-8 helicop-ters newly acquired for the CAF

▶ *22–25 January 1993*
Maslenica Operation: first large-scale tactical airlift by helicopters during Operation Gusar (Pirate)

▶ *Summer 1993–spring 1994*
Croatia obtains 10 Mi-24 helicopters and a MiG-21 fleet by clandestine means

▶ *September 1993*
CAF reorganisation: 10 squadrons formed at five airbases; due to the lack of aircraft, only six squadrons are initially operational

▶ *14 September 1993*
A CAF air strike at the supposed FROG-7 launch site near Petrinja results in the loss of MiG-21bis '103'

▶ *Autumn 1994*
'Bihać pocket' airlift resumes, and lasts until the fall of 'Krajina'

▶ *October 1994*
Croatian Naval and Air Force Exercise Posejdon 94

▶ *December 1994*
CAF Mi-8s transport over 1,200 men and 500 kg of equipment during Operation Winter 94

▶ *1–2 May 1995*
MiG-21s take part in Operation Bljesak (Light-ning). Capt Perešin KIA in MiG-21bis '119'

▶ *4 August–15 September 1995*
A number of MiG-21 strikes are conducted during Operation Oluja (Storm), while Mi-24s provide support in Operation Maestral

▶ *October 1995*
CAF receives two An-32 transports

▶ *April 1996*
The first three Pilatus PC-9 trainers arrive in Croatia

▶ *7 July 1996*
The CAF participates in its first international event at the Wings over Aviano air show

► **1997.**
HRZ dobiva deset helikoptera za obuku Bell 206.

► **28. svibnja 1997.**
Završetak školovanja prvog naraštaja pilota.

► **2000.**
Reorganizacija HRZ-a u sklopu smanjenja Oruža-
nih snaga RH; protupožarni zrakoplovi, dotad u
nadležnosti MUP-a, bivaju dodijeljeni u 855.ppe.

► **25. svibnja 2000.**
Hrvatska postaje članicom programa Partners-
hip for Peace (PfP).

► **24. studenog–2. prosinca 2000.**
Zajednička vježba mornaričkog zrakoplovstva
SAD CVW-17 (CVN-69 USS Dwight D. Eisen-
hower) i HRZ-a pod nazivom "Sigurno nebo".

► **17.–21. rujna 2001.**
Pojavom na vježbi "Cooperative Key 2001" koja
se održava u Plovdivu u Bugarskoj, HRZ prvi
put sudjeluje u vježbi u inozemstvu.

► **13. svibnja 2002.**
Zajednička vježba američkog zrakoplovstva i
HRZ-a pod nazivom "ACSA" s 555th Fighter
Squadron 'Triple Nickel'.

► **21.–24. svibnja 2002.**
HRZ sudjeluje u velikoj protupožarnoj vježbi u
središnjoj Dalmaciji "Taming the Dragon – Dal-
matia 2002", koju zajednički organiziraju RH i
Euroatlantski Disaster Response Coordination
Centre (EADRCC).

► **23.–31. listopada 2002.**
Zajednička vježba američkog mornaričkog
zrakoplovstva CVW-17 (CVN-73 USS George
Washington) i HRZ-a pod zajedničkim nazivom
"Joint Wings 2002".

► **jesen 2002.–proljeće 2003.**
MiG-ovi HRZ-a na remontu i doradi u poduzeću
Aerostar u Rumunjskoj.

► **16.–18. studenog 2004.**
Vježba "Joint Navigation North Adriatic (JNNA)
04": Hrvatski ratni zrakoplovi PC 9 lete zajedno
s italijanskim AMX.

► **21.–24. svibnja 2005.**
HRZ sudjeluje u NATO-voj civilnoj vježbi zašti-
te i spašavanja IDASSA 2007, koja se održava
na zadarskom području.

► *1997*
*CAF takes delivery of 10 Bell 206 training heli-
copters*

► *28 May 1997*
*Graduation of the first class of Croatian Air
Force (pilot) cadets*

► *2000*
*Downsizing of the armed forces, including
reorganisation of the air arm; all firefighting
aircraft, previously property of the Ministry of
Interior, are handed over to CAF's 855 Sqn*

► *25 May 2000*
*Croatia joins NATO's Partnership for Peace
(PfP)*

► *24 November–2 December 2000*
*Joint CAF/USN Exercise Safe Sky with US Navy
units from CVW-17 (CVN-69 USS Dwight D.
Eisenhower)*

► *17–21 September 2001*
*CAF takes part in its first overseas exercise,
Cooperative Key 2001, held in Plovdiv, Bulgaria*

► *13 May 2002*
*Joint CAF/USAFE Exercise ACSA with 555th
Fighter Squadron 'Triple Nickel'
(F-16C/D Block 40)*

► *21–24 May 2002*
*CAF takes part in Taming the Dragon — Dalma-
tia 2002, a large-scale firefighting field exercise
jointly organised by Croatia and the Euro-
Atlantic Disaster Response Coordination Centre
(EADRCC), in central Dalmatia*

► *23–31 October 2002*
*Joint CAF/USN Exercise Joint Wings 2002
at Pula with US Navy units from CVW-17
(CVN-73 USS George Washington)*

► *Autumn 2002–spring 2003*
*CAF MiG-21s overhauled and upgraded by
Aerostar in Romania*

► *16–18 November 2004*
*Exercise Joint Navigation North Adriatic (JNNA)
04: PC-9s fly DACT against Italian AMXs*

► *21–24 May 2005*
*Participation in NATO disaster response
Exercise IDASSA 2007, held in Zadar area*

► **5. kolovoza 2005.**
Prvi javni nastup akro-grupe HRZ "Krila Oluje" s pet aviona PC-9.

► **18.–21. travnja 2006.**
Zajednička vježba američkog zrakoplovstva i HRZ-a pod zajedničkim nazivom "Jadranski mač 2006" s 510th Fighter Squadron 'Buzzards', 31st Fighter Wing.

► **rujna 2007.–kraj 2008.**
Reorganizacija HRZ-a u skladu sa standardima NATO-a.

► **27. rujna–12. listopada 2007.**
Hrvatska je domaćin NATO vježbe "Noble Midas 2007".

► **prosinca 2007.**
U vježbi "Istrian Wings 2007" sudjeluju hrvatski MiG-ovi 21 i talijanski F-16 iz zb Cervia.

► **2008.**
Operativno svih pet radarskih postaja FPS-117.

► **svibnja 2008.**
HRZ sudjeluje na protupožarnoj vježbi "Balaton 2008" u Mađarskoj (13.–15.), i u tri združene vježbe u Hrvatskoj: multinacionalnoj vježbi saniteta "MEDCEUR 08" koju sponzorira US European Command (1.–15.), civilno-vojnoj "PSI Adriatic Shield 08" (12.–18.), i zajedničkoj vježbi jadransko-jonske inicijative (AII) "Adrion 08 – LIVEX" (26.–30.).

► **17.–30. lipnja 2008.**
Helikopteri HRZ-a djeluju u zajedničkoj vježbi SAD-a i Jadranske povelje "Adriatic Aurora 08".

► **1. travnja 2009.**
Na proslavi 60. obljetnice NATO-a, Hrvatska postaje članicom Saveza.

► **1. srpnja 2009.**
Prvi kontingent s 20 pripadnika i dva transportna helikoptera Mi-171 Sh sudjeluje u mirovnoj operaciji NATO-a na Kosovu (Kosovo Force - KFOR).

Zapovjednici HRZ-a
• Imre Agotić: 1991.–6. ožujka 1996.
• Josip Čuletić: 6. ožujka 1996.–5. veljače 2001.
• Josip Štimac: 5. veljače 2001.–
                31. prosinca 2002.
• Viktor Koprivnjak: 31. prosinca 2002.–
                28. ožujka 2007.
• Vlado Bagarić: od 28. ožujka 2007.

► *5 August 2005*
The national display team Krila Oluje (Wings of Storm) performs its first public display, flying five PC-9Ms

► *18–21 April 2006*
Joint CAF/USAFE Exercise Adriatic Sword 2006 with 510th Fighter Squadron 'Buzzards', 31st Fighter Wing

► *September 2007–end 2008*
Reorganisation of CAF in accordance with NATO standards

► *27 September–12 October 2007*
Croatia hosts NATO Response Force Exercise Noble Midas 2007

► *December 2007*
Joint CAF/AMI Exercise Istrian Wings 2007, with Italian F-16s from 5° Stormo at Cervia

► *2008*
All five FPS-117 radar stations achieve full operational status

► *May 2008*
CAF takes part in Balaton 2008 firefighting exercise in Hungary (13–15 May), and in three joint exercises hosted by Croatia: multinational MEDCEUR 08 medical exercise sponsored by US European Command (1–15 May), PSI Adriatic Shield 08 civil/military exercise (12–18 May), and Adrion 08 – LIVEX joint naval exercise by the Adriatic-Ionian Initiative (26–30 May)

► *17–30 June 2008*
CAF helicopters take part in joint US/Adriatic Charter Exercise Adriatic Aurora 08

► *1 April 2009*
Croatia becomes a NATO member during the Alliance's 60th anniversary celebrations

► *1 June 2009*
An initial contingent of 20 personnel and two Mi-171Sh transport helicopters take part in the NATO peacekeeping operation KFOR

Croatian Air Force commanders
• *Imre Agotić: 1991–6 March 1996*
• *Josip Čuletić: 6 March 1996–5 February 2001*
• *Josip Štimac: 5 February 2001–*
                31 December 2002
• *Viktor Koprivnjak: 31 December 2002–*
                28 March 2007
• *Vlado Bagarić: since 28 March 2007*

1 | Borbeni zrakoplovi
Defenders

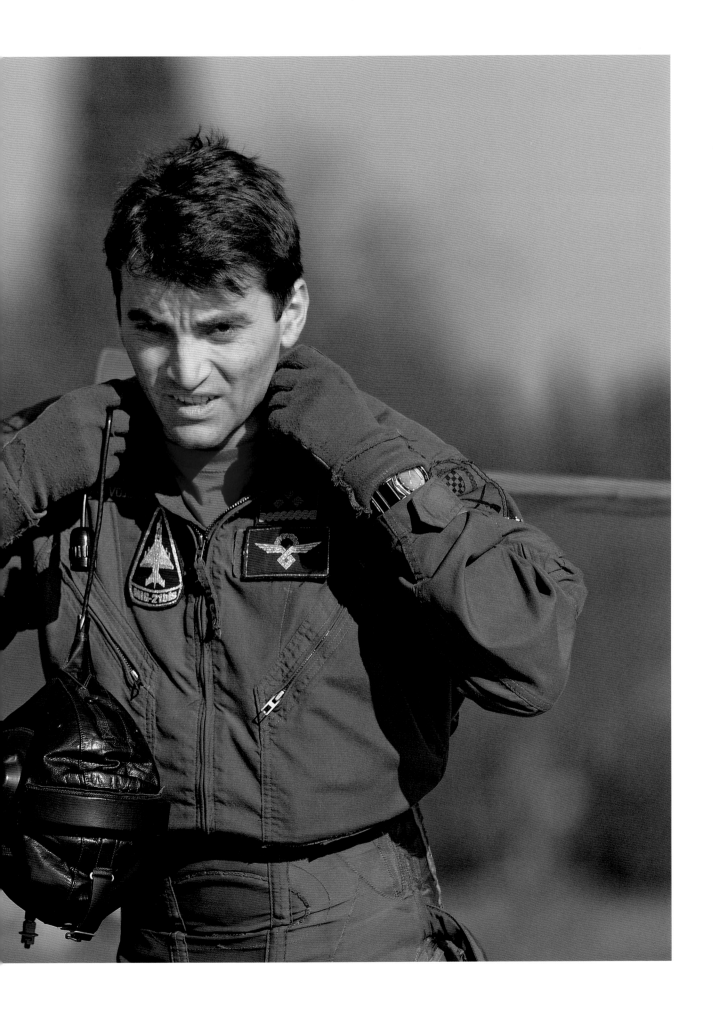

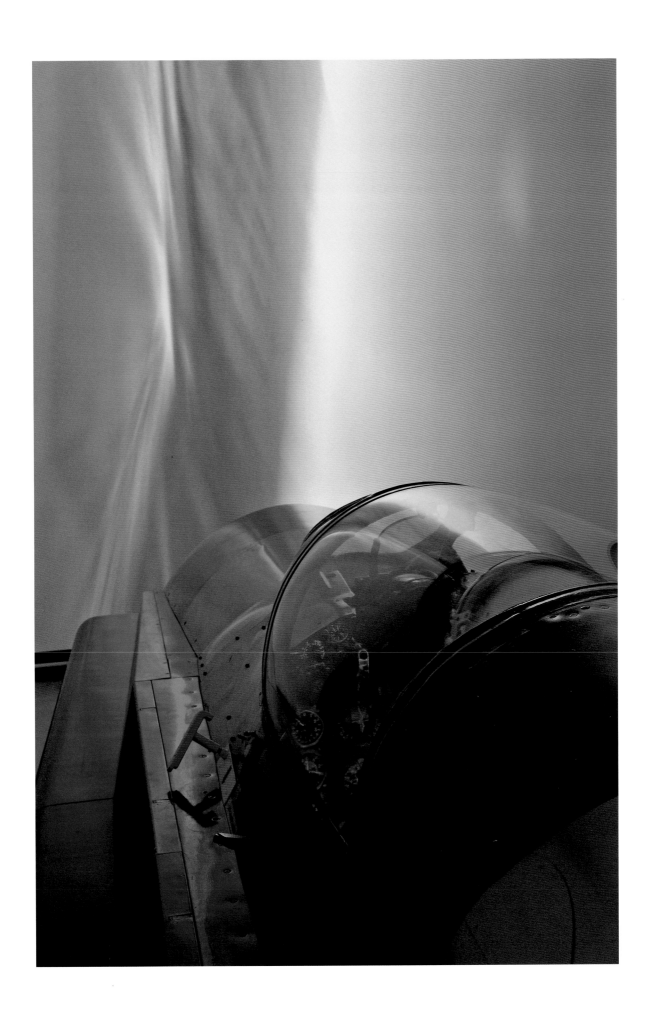

2 | Vatrogasni zrakoplovi
Firefighters

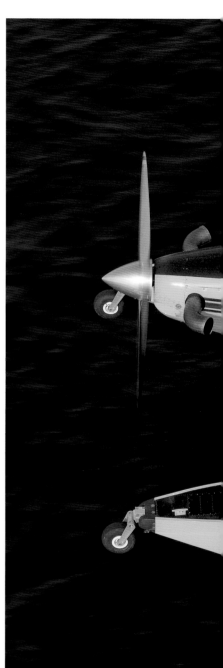

3 | Transportni zrakoplovi
Transport Elements

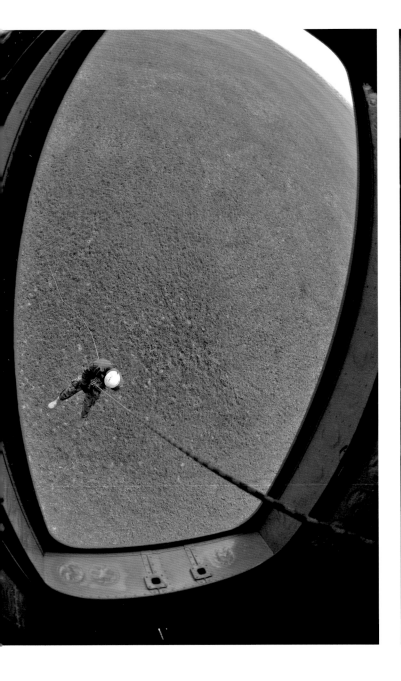

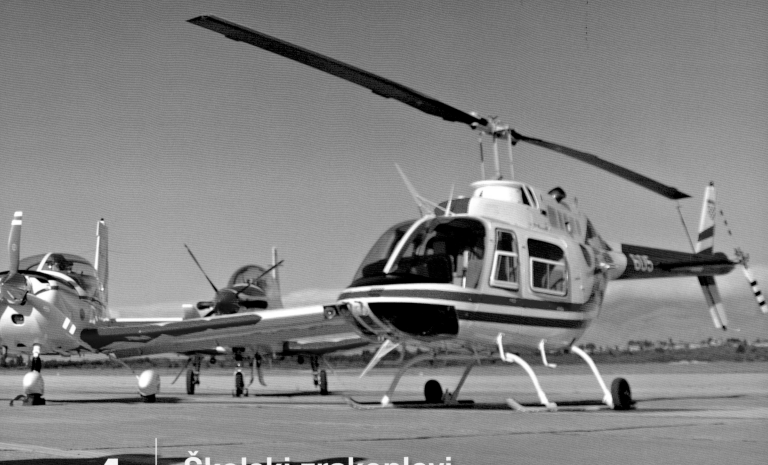

4 | Školski zrakoplovi
Training Elements

5 | **Krila Oluje**
Wings of Storm

6 | **Zrakoplovni tehnički zavod (ZTZ)**

Maintenance Elements

Naslovna stranica
MiG-21bisD '115' naoružan s
dvije R-60 rakete u punom letu
iznad Istre.

Front Cover
Armed with two R-60 missiles,
MiG-21bisD '115' climbs over
Istria in full afterburner

Stranica 20 sredina
Grb eskadrile MiG-a "Osvetnik
Vukovara" snimljen iz blizine.

Page 20 centre
Close-up of the MiG squadron
logo – the Avenger of Vukovar

Stranica 14/15
MiG-ovi 21bisD iznad Hrvatske.

Page 14/15
MiG-21bisDs over Croatia

Stranica 20 dolje
Prvi zrakoplvi spremni za akciju.

Page 20 bottom
The first aircraft are ready to go

Stranica 16/17
MiG-ovi 21bisD iznad Zagreba,
glavnog grada Hrvatske.

Page 16/17
A pair of MiG-21bisDs over
Zagreb, the Croatian capital

Stranica 21
Tehničari su gotovi s pripremom
za početak leta.

Page 21
The technicians have finished
their pre-flight preparations

Stranica 18
Izlazak sunca i početak radnog
dana u Zrakoplovnoj bazi u Puli.

Page 18
Sunrise, and the start of another
working day at Pula airbase

Stranica 22/23
Pilot se priprema za svoju misiju.

Page 22/23
The pilot prepares for his mission

Stranica 19
Tehničari pripremaju zrakoplove
za prvu seriju letova.

Page 19
Technicians begin to prepare
the aircraft for the first series of
flights

Stranica 24
Motori su upaljeni i akcija može
početi.

Page 24
Engine on, ready to go

Stranica 20 gore
MiG-ovi poredani u Zrakoplovnoj
bazi u Puli.

Page 20 top
A pair of MiG-21s lines up at
Pula airbase

Stranica 25
Sve je OK, spreman za misiju.

Page 25
'Thumbs up' – ready for the
mission

Stranica 26
Formacija se razdvaja.

Page 26
Formation break

Stranica 32/33
MiG-ovi 21 u niskom letu iznad Jadrana.

Page 32/33
Two MiG-21bisD fighters at low level over the Adriatic Sea

Stranica 27
MiG-21bisD '115' naoružan s dvije R-60 rakete u punom letu iznad Istre.

Page 27
MiG-21bisD '115' in full afterburner over Istria, armed with two R-60 missiles

Stranica 34
Posebnost svega je izravni prelazak hrvatskih pilota s PC-9 na MiG 21.

Page 34
Uniquely, Croatian pilots transfer directly from PC-9M to MiG-21

Stranica 28/29
MiG-21bisD iznad snijegom pokrivenog Velebita.

Page 28/29
A MiG-21bisD over the snow-covered Velebit Mountains

Stranica 35
MiG-21UMD '165' je prvi posebno obojen zrakoplov Hrvatskog ratnog zrakoplovstva.

Page 35
MiG-21UMD '165' is the CAF's first aircraft to receive a special colour scheme

Stranica 30
MiG-21 u oštrom zaokretu.

Page 30
MiG-21 in the roll

Stranica 36
Briefing – studiranje zemljovida za slijedeću misiju.

Page 36
Briefing – studying the map for the next mission

Stranica 31 gore
MiG-21bisD "122" naoružan s dvije R-60 rakete leti uz obalu Istre.

Page 31 top
MiG-21bisD '122' patrols the Istrian coastline armed with two R-60 missiles

Stranica 37
Instruktor letenja i mladi pilot počinju diskusiju o prvom letu odmah nakon izlaska iz zrakoplova.

Page 37
An instructor and young pilot debrief the first mission on the ramp

Stranica 31 dolje
Formacija MiG-ova na redovitoj ophodnji.

Page 31 bottom
Two MiG-21s from the alarm flight on their regular patrol mission

Stranica 38/39
Alpha! MiG-21bisD '115' naoružan s dvije R-60 rakete neposredno nakon izlaska iz zaklona.

Page 38/39
Alpha! MiG-21bisD '115' armed with two R-60 missiles seconds before taxiing out of the box

Stranica 40
Tipična quick reaction alert (QRA) posada sastoji se od jednog pilota i dva tehničara.

Page 40
A typical quick reaction alert (QRA) crew consists of one pilot and two technicians

Stranica 41 gore
Start punom snagom iz Zrakoplovne baze Pleso.

Page 41 top
Take-off in full afterburner from Pleso airbase

Stranica 41 dolje
Formacijski start iz Zrakoplovne baze Pleso.

Page 41 bottom
Formation take-off at Pleso airbase

Stranica 42 lijevo
Hrvatski osmatrački sustav – MiG-ovi 21 iznad jedne od pet radarskih postaja FPS-117.

Page 42 left
Croatia's surveillance system – two MiG-21bisD fighters over one of five FPS-117 radar stations

Stranica 42 desno
Radarska postaja FPS-117 kontrolira i nadgleda svaku kretnju na radaru.

Page 42 right
Monitoring the movements on the radar picture inside a FPS-117 control unit

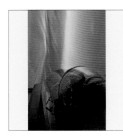

Stranica 43
U MiG-u 21 simulator, u kojem se koristi hrvatski Software.

Page 43
Inside the MiG-21 simulator, run by Croatian-made software

Stranica 44/45
Braneći Hrvatsku u svako doba, dan i noć.

Page 44/45
Defending Croatia – any time, day or night

Stranica 46/47
CL-415 '877' ispušta puni spremnik vode iznad Kornata.

Page 46/47
CL-415 '877' releases a full load of water over the Kornati Islands

Stranica 48
Kanaderi CL-415 iznad Kornata u letu za slijedeću akciju gašenja.

Page 48
Two CL-415s over the Kornati Islands on their way to the next fire

Stranica 49 gore
CL-415 '866' leti na maloj visini iznad jednog otočića prije nego će napuniti spremnik s morskom vodom.

Page 49 top
CL-415 '866' swoops over a small island prior to picking up a full tank of seawater

Stranica 49 dolje
CL-415 '866' kratko prije početka skupljanja vode.

Page 49 bottom
CL-415 '866' just seconds before scooping begins

Stranica 50/51
Start s punim spremnikom za vodu.

Page 50/51
Take-off with a full load of water

Stranica 52
Punim spremnikom nazad k
mjestu požara.

Page 52
Taking-off with a full tank to
continue firefighting

Stranica 53
Zajedničkim snagama –
kanaderi CL-415 izbacuju oko
12.300 litara vode.

Page 53
Combined efforts – a pair of
CL-415s drops some
12,300 litres of water

Stranica 54
Izbacivanje vode.

Page 54
Dropping another load of water

Stranica 55
Viđeno odozgo, CL-415 uzima
novo punjenje vodom.

Page 55
Seen from above, a CL-415
scoops its next load of water

Stranica 56/57
Diana Doboš detaljno promatra
slijedeći cilj …

Page 56/57
Diana Doboš takes a closer look
at the next target …

Stranica 58/59
… i izbacuje čitavo punjenje
iznad opožarenog mjesta.

Page 58/59
… and drops the entire load of
water over the fire site

Stranica 60/61
Uzbuna! Posada i tehničari Air
Tractora trčeći do svojih letjelica.

Page 60/61
Fire alarm! Air Tractor crews and
technicians run to their aircraft

Stranica 62
HRZ trenutno koristi četiri
letjelice Air Tractor AT-802
Fireboss.

Page 62
The CAF currently operates
four Air Tractor AT-802 Fireboss
aircraft

Stranica 63
Air Tractor AT-802 Fireboss
'894' skuplja vodu iz mora.

Page 63
Air Tractor AT-802 Fireboss '894'
scoops from the sea

Stranica 64
Air Tractor AT-802 u zračnoj
potpori vatrogascima za vrijeme
gašenja šumskog požara.

Page 64
An AT-802 provides air support
for firefighters during a forest fire

Stranica 65
Air Tractor AT-802 Fireboss
'895' na jednom rutinskom
zadatku – izvidnički let iznad
Kornata.

Page 65
Air Tractor AT-802 Fireboss '895'
on a regular mission – patrolling
over the Kornati Islands

Stranica 66 gore
Air Tractor AT-802 Fireboss je
izvrsna letjelica u borbu protiv
požara.

Page 66 top
The Air Tractor AT-802 Fireboss
is an excellent tool for fire
protection

Stranica 66 dolje
Pogled iz pilotske kabine AT-802
za vrijeme skupljanja vode.

Page 66 bottom
A view from the AT-802 cockpit
during scooping

Stranica 72/73
Transportni helikopter Mi-171Sh
iznad dvorca Trakošćan.

Page 72/73
A Mi-171Sh transport helicopter
above Trakošćan Castle

Stranica 67
Izbacivanje vode u sve tri Air
Tractor varijante.

Page 67
Water bombing by the three Air
Tractor variants in CAF service

Stranica 74
Pogled iz Cockpita Mi-171Sh u
niskom letu.

Page 74
A view from the Mi-171Sh
cockpit during low-level flight

Stranica 68/69
Helikopteri Mi-171Sh iznad
radarske postaje FPS-117 na
Sljemenu.

Page 68/69
Two Mi-171Sh helicopters over
the FPS-117 radar station at
Sljeme

Stranica 75
Mi-171Sh iznad Zagreba,
prevozi članove vlade i Glavnog
stožera.

Page 75
A Mi-171Sh transports members
of the government and the chief
of staff over Zagreb

Stranica 70 gore
Tipična tročlana posada na
svojemu radnom mjestu u
Cockpitu An-32.

Page 70 top
A typical three-man crew at their
workplace in the cockpit of an
An-32

Stranica 76
Mi-171Sh izbacuje mamac u
svrhu samoobrane.

Page 76
A Mi-171Sh dropping flares in
self-defence

Stranica 70 dolje
Posada An-32 susreće tehničara
letača.

Page 70 bottom
An An-32 crew are joined by the
flight technician

Stranica 77
Izbacivanje mamca trenira se
za djelovanje u akcijama na
Kosovu.

Page 77
Flare dropping is trained to
prepare for the mission in
Kosovo

Stranica 71
Vidimo jedan od dva transportna
zrakoplova An-32 na redovitom
letu za opskrbu između dvaju
zrakoplovnih baza.

Page 71
One of the two CAF An-32
transports is seen on a regular
support flight between airbases

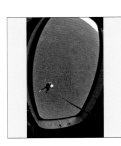

Stranica 78 lijevo
Član hrvatske Bojne za
specijalna djelovanja (BSD)
spušta se iz zadnjeg izlaza
helikoptera Mi-171Sh

Page 78 left
A member of Croatia's Special
Forces fast-ropes from the ramp
door of a Mi-171Sh

Stranica 78 desno
Letač tehničar helikoptera
Mi-171Sh spušta spasilačku
opremu za ekipu na zemlji.

Page 78 right
*A Mi-171Sh flight technician
lowers rescue equipment to
personnel on the ground*

Stranica 79 lijevo
Pomoć dolazi!

Page 79 left
Help is under way!

Stranica 79 desno
Misija ispunjena! Mi-171Sh
nestaje sa svojim "teretom".

Page 79 right
*Mission accomplished. The Mi-
171Sh departs with its 'cargo'*

Stranica 80
Mi-171Sh za vrijeme zagrijavanja
motora prije početka noćne
akcije.

Page 80
*A Mi-171Sh during engine run-
up prior to a night mission*

Stranica 81
Mi-171Sh priprema za start i
sudjelovanje u noćnoj akciji …

Page 81
*A Mi-171Sh prepares to take-off
for a nocturnal mission …*

Stranica 82/83
… potpomognut uređajima za
noćno promatranje.

Page 82/83
… aided by night vision goggles

Stranica 84
Mi-8MTV-1 u potrazi zapogod-
nim mjestom za sletanje, u ne-
prohodnim terenima, na jednom
hrvatskom otoku.

Page 84
*A Mi-8MTV-1 looks for a good
landing spot in rough terrain on
a typical Croatian island*

Stranica 85
Važna zadaća helikoptera
Mi-8MTV-1 je i transport građe-
vinskog materijala u neprohodna
planinska mjesta.

Page 85
*An important role: Mi-8MTV-1 is
flying underslung construction
material to mountainous locations*

Stranica 86
U sezoni gašenja požara, važna
zadaća helikopterskih eskadrila
je gašenje zu pomoć spremnika
za vodu Flory 2600.

Page 86
*During the firefighting season
Mi-8 helicopters are using the
2,200-litre Flory 2600 bucket*

Stranica 87
Helikopteri Mi-8MTV-1 lete
kraj svjetionika na jednom od
mnogobrojnih hrvatskih otočića.

Page 87
*Two Mi-8MTV-1s pass a
lighthouse on one of Croatia's
numerous very small islands*

Stranica 88
Helikopteri Mi-8MTV iznad
Dubrovnika.

Page 88
*Two Mi-8MTV-1s above the city
of Dubrovnik*

Stranica 89
Helikopteri Mi-8MTV iznad plaže
Zlatni rat na otoku Braču.

Page 89
*Two Mi-8MTV-1s over the sandy
beach of Zlatni rat (Golden Horn)
on Brač Island*

Stranica 90
Piloti iz Splita-Divulje: drugu go-
dinu zaredom su odlikovani kao
najbolja spasilačka postrojba.

Page 90
*Pilots based at Split-Divulje: in
two consecutive years they have
been recognised as the best
rescue unit in Croatia*

Stranica 91
Idemo doma! Nakon jednog
dugog radnog dana.

Page 91
*Homeward-bound after a long
day of work*

Stranica 92/93
Piloti i zrakoplovi HRZ
Akademije: Zlin 242L, PC-9M i
Bell 206B-3.

Page 92/93
*Pilots and aircraft of the Air
Force Academy: Zlin 242L,
PC-9M and Bell 206B-3*

Stranica 94
Zlin 242L '401' za vrijeme
zaokreta.

Page 94
Zlin 242L '401' in the turn

Stranica 95 gore
Priprema na stajanki.

Page 95 top
Preparations on the flightline

Stranica 95 dolje
Zrakoplovi Zlin 242L u formaciji

Page 95 bottom
Zlin 242Ls in formation

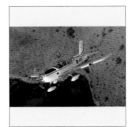

Stranica 96 gore
Zrakoplovi Zlin 242L u formaciji
desni stupanj.

Page 96 top
*Three Zlin 242Ls in right echelon
formation*

Stranica 96 dolje
Zlin 242L '401za vrijeme treninga
iznad Kornata.

Page 96 bottom
*Zlin 242L '401' during a training
mission over the Kornati Islands*

Stranica 97
Letjelice Zlin 242L – razdvajanje
formacije.

Page 97
Zlin 242L formation break

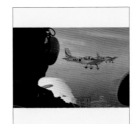

Stranica 98
Piloti eskadrile aviona.

Page 98
*Pilots from the Fixed-Wing
Aircraft Squadron*

Stranica 99 gore
U simulatoru PC-9M-a.

Page 99 top
The PC-9M simulator

Stranica 99 dolje
Pilotkinja provjerava PC-9 prije
leta.

Page 99 bottom
*A pilot checks the PC-9M
spinner before her next mission*

Stranica 100/101
Zrakoplovi Akademije PC-9M,
Zlin 242L i Bell 206B-3 iznad
Zadra.

Page 100/101
Examples of the PC-9M,
Zlin 242L and Bell 206B-3 over
the city of Zadar

Stranica 102 gore lijevo
Instruktor letenja objašnjava
nešto o aerodinamici.

Page 102 top left
A flight instructor explains some
aerodynamics

Stranica 102 gore desno
Dva kadeta sa svojim
instruktorom letenja u "boksu".

Page 102 top right
Two cadets in the 'box' with their
instructor

Stranica 102 dolje
Izobrazba na licu mjesta – kadet
dobija uputu o pilotskoj kabini.

Page 102 bottom
Explanation in situ – the cadet
receives a briefing on the cockpit

Stranica 103
Instruktor letenja provjerava
pripremu za let svoga kadeta.

Page 103
The instructor checks his cadet's
flight plan preparation

Stranica 104
Bell 206B spušta se na snijegom
pokrivenim Velebitu.

Page 104
Bell 206B-3s land on the snow-
covered peaks of the Velebit
Mountains

Stranica 105 gore
Kratka provjera kvalitete snijega
jednog zimskog jutra na
Velebitu, sjeverno od Zadra.

Page 105 top
A brief check of the snow
surface on a cold winter morning
on the Velebit Mountains, north
of Zadar

Stranica 105 dolje
Polijetanje! Povratak u bazu.
U pozadini se vidi Jadran.

Page 105 bottom
Lift-off! Returning home to base.
Note the Adriatic Sea in the
distance

Stranica 106
Helikopteri Bell 206B-3 iznad
Jadrana ispred obale Zadra za
vrijeme obuke.

Page 106
Two Bell 206B-3s over the
Adriatic on a training mission off
the coast of Zadar

Stranica 107
Neobičan pogled na Zadar iz
helikoptera Bell 206B-3.

Page 107
An unusual view of the city of
Zadar from a Bell 206B-3

Stranica 108/109
Bell 206B-3 '605' u niskom letu.

Page 108/109
Bell 206B-3 '605' at low level

Stranica 110/111
Dan je prošao, misija ispunjena.

Page 110/111
The day is over, the mission
completed

Stranica 112/113
Krila Oluje iznad Kornata u blizini svoje matične baze.

Page 112/113
Krila Oluje close to their home, over the Kornati Islands

Stranica 118 dolje
Krila Oluje prelijeće trajekt Jadrolinije.

Page 118 bottom
Krila Oluje passing over a ferry operated by Jadrolinija

Stranica 114/115
Tim Krila Oluje iz godine 2009.

Page 114/115
The 2009 Krila Oluje team

Stranica 119
Krila Oluje u akciji.

Page 119
Krila Oluje in action

Stranica 116 gore
Razgovor o novim figurama.

Page 116 top
Discussing new elements of the display

Stranica 120
Krila Oluje – solist u akciji.

Page 120
Krila Oluje – the solo in action

Stranica 116 dolje
Krila Oluje sprema za start i predstavljanje.

Page 116 bottom
Ready for take-off, ready to perform

Stranica 121
Krila Oluje – razdvajanje formacije dvaju zrakoplova.

Page 121
Krila Oluje – two-ship formation break

Stranica 117
Krila Oluje u formaciji Zmaj s pet zrakoplova.

Page 117
Krila Oluje during the five-ship ‚Dragon' formation

Stranica 122 gore
Krila Oluje na ILA-i u Berlinu – priprema na stajanci u opuštenoj atmosferi.

Page 122 top
Krila Oluje at ILA Berlin — a relaxed briefing on the flightline

Stranica 118 gore
U središtu Krila Oluje – pozicija broj 5.

Page 118 top
In the centre of Krila Oluje – the position of No. 5

Stranica 122 sredina
Izvrsna zajednička suradnja između pilota i tehničara je od temeljne važnosti za sigurne operacije letenja.

Page 122 centre
A good team spirit between pilots and technicians is essential for safe flight operations

Stranica 122
Krila Oluje na ILA-i u Berlinu –
solist čeka na start motora.

Page 122 bottom
Krila Oluje at ILA Berlin —
Krila Oluje's solo waits his turn to
start the engine

Stranica 123 gore
Krila Oluje leti od 2009. sa šest
zrakoplova PC-9M, kao što se
vidi na Airpower 09 u Zeltwegu.

Page 123 top
Since the 2009 season, Krila
Oluje has performed with six
PC-9M aircraft, as seen here at
Zeltweg's Airpower 09

Stranica 123 dolje
Na kraju svakog leta mora se
obaviti i administracija.

Page 123 bottom
At the end of each flight there is
always some paperwork to be
completed

Stranica 124/125
Krila Oluje prelijeće otok
Jabuku na zadnjoj crti hrvatskih
teritorijalnih voda.

Page 124/125
Krila Oluje passing Jabuka Island
on the edge of Croatian territorial
waters

Stranica 126/127
Djelatnici ZTZ-a u Glavnoj
dvorani za remont, oblikuju ime
svoje tvrtke.

Page 126/127
ZTZ employees form their
company's name in the main
maintenance hall

Stranica 128/129
U ovoj velikoj dvorani u ZTZ-u,
istovremeno se može raditi
remont dviju CL-415 letjelica za
gašenje požara.

Page 128/129
Two CL-415 firefighters can
be checked and overhauled
simultaneously in this huge hall

Stranica 130
Remont motora na kanaderu
CL-415.

Page 130
Engine service for a CL-415

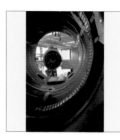

Stranica 131
Dio forsaza motora MiG-a 21 u
ZTZ-u.

Page 131
The afterburner section of a
MiG-21 engine at the ZTZ facility

Stranica 132 gore lijevo
U ZTZ-u se precizno i savjesno
provjeravaju svi sustavi
zrakoplova.

Page 132 top left
At ZTZ the aircraft's entire
systems can be precisely and
thoroughly checked

Stranica 132 gore desno
Tehničati provjeravaju motore
prije probnog leta.

Page 132 top right
Technicians check the engines
prior to a test run

Stranica 132 dolje
Raspored pilotske kabine heli-
koptera Mi-8 Salon promijenjen
je u cilju poboljšanja ergonomije.

Page 132 bottom
The cockpit layout of this
Mi-8 Salon version has been
reconfigured to improve
ergonomics

Stranica 133
Prije primopredaje HRZ-u: serija
motora i sustava testiranja, ovdje
Mi-8MTV.

Page 133
Before handover back to the
CAF: a series of engine and sys-
tem tests, here on a Mi-8MTV

Air Tractor AT-802

Tehnički podaci			Technical data
Motor	Pratt & Whitney PT6A-67AG		Engine
Snaga	1 007 kW	1 350 shp	Power
Elisa (5 kraka)	Hartzell HC-B5MA-3D/M 11691 NS or HC-B5MA-3D/M 11276 NS		(five blade) Propeller
Diametar krakova	2.92 m	9.58 ft	Propeller diameter

Dimenzije			Dimensions
Dužina	10.88 m	35.70 ft	Length
Visina	3.88 m	12.73 ft	Height
Raspon krila	17.68 m	58.00 ft	Wing span
Površina krila	37.25 m²	401.00 sq ft	Wing area

Težina			Weights
Operativna težina – prazan	3 265 kg	7 200 lb	Empty weight
Maks. poletna težina (na zemlji)	7 257 kg	16 000 lb	Max. take-off weight (land)
Koristan teret	3 991 kg	8 800 lb	Useful load

Svojstva			Performance
Maks. brzina leta	360 km/h	195 kt	Max. speed
Maks. brzina s izvučenim zakrilcima	228 km/h	123 kt	Max. flap extended speed
Brzina odbacivanja vode	200–220 km/h	110–120 kt	Typical water drop speed
Brzina prevlačenja s izvučenim zakrilcima (5 670 kg)	130 km/h	71 kt	Stall speed 12 500 lb flaps extended
Brzina prevlačenja s izvučenim zakrilcima (7 257 kg)	150 km/h	81 kt	Stall speed 15 999 lb flaps extended
Maks. visina leta	3 800 m	12 500 ft	Service ceiling
Istrajnost u zraku	5 h		Endurance
Istrajnost na požaru	4:30 h		Firefighting endurance
Maks. količina goriva	1 438 l	380 US gal	Fuel tank capacity
Potrošnja goriva	300 l/h	79 US gal/h	Fuel consumption
Potrošnja goriva na požarištu	370 l/h	98 US gal/h	Fuel consumption while firefighting
Kapacitet spremnika vode	3 028 l	800 US gal	Hopper capacity
Kapacitet spremnika pjene	68 l	18 US gal	Foam tank capacity
Maks. dozvoljeno opterećenje ispod 5 670 kg	+3.25 to -1.3 g		Load factor limit below 11 499 lb
Maks. dozvoljeno opterećenje iznad 5 670 kg	+2.54 to -1.2 g		Load factor limit above 11 499 lb
Maks. dozvoljeno opterećenje s izvučenim zakrilcima	+2.0 to -0 g		Load factor limit flap extended
Maks. brzina bočne komponente vjetra prilikom slijetanja	37 km/h	20 kt	Max. crosswind velocity while landing

Posada			Crew
Broj članova posade	1–2 (Kapetan, kopilot)	1–2 (captain, copilot)	Crew

Air Tractor AT-802AF

UGO CRISPONI
High Quality Illustrations

Tehnički podaci			Technical data
Motor	Pratt & Whitney PT6A-67AG		Engine
Snaga	1 007 kW	1 350 shp	Power
Elisa (5 kraka)	Hartzell HC-B5MA-3D/M 11691 NS or HC-B5MA-3D/M 11276 NS		(five blade) Propeller
Diametar krakova	2.92 m	9.58 ft	Propeller diameter

Dimenzije			Dimensions
Dužina	10.88 m	35.70 ft	Length
Visina	3.88 m	12.73 ft	Height
Raspon krila	17.68 m	58.00 ft	Wing span
Površina krila	37.25 m²	401.00 sq ft	Wing area

Težina			Weights
Operativna težina – prazan	3 265 kg	7 200 lb	Empty weight
Maks. poletna težina (na zemlji)	7 257 kg	16 000 lb	Max. take-off weight (land)
Koristan teret	3 991 kg	8 800 lb	Useful load

Svojstva			Performance
Maks. brzina leta	360 km/h	195 kt	Max. speed
Maks. brzina s izvučenim zakrilcima	228 km/h	123 kt	Max. flap extended speed
Brzina odbacivanja vode	200–220 km/h	110–120 kt	Typical water drop speed
Brzina prevlačenja s izvučenim zakrilcima (5 670 kg)	130 km/h	71 kt	Stall speed 12 500 lb flaps extended
Brzina prevlačenja s izvučenim zakrilcima (7 257 kg)	150 km/h	81 kt	Stall speed 15 999 lb flaps extended
Maks. visina leta	3 800 m	12 500 ft	Service ceiling
Istrajnost u zraku	5 h		Endurance
Istrajnost na požaru	4:30 h		Firefighting endurance
Maks. količina goriva	1 438 l	380 US gal	Fuel tank capacity
Potrošnja goriva	300 l/h	79 US gal/h	Fuel consumption
Potrošnja goriva na požarištu	370 l/h	98 US gal/h	Fuel consumption while firefighting
Kapacitet spremnika vode	3 028 l	800 US gal	Hopper capacity
Kapacitet spremnika pjene	68 l	18 US gal	Foam tank capacity
Maks. dozvoljeno opterećenje ispod 5 670 kg	+3.25 to -1.3 g		Load factor limit below 11 499 lb
Maks. dozvoljeno opterećenje iznad 5 670 kg	+2.54 to -1.2 g		Load factor limit above 11 499 lb
Maks. dozvoljeno opterećenje s izvučenim zakrilcima	+2.0 to -0 g		Load factor limit flap extended
Maks. brzina bočne komponente vjetra prilikom slijetanja	37 km/h	20 kt	Max. crosswind velocity while landing

Posada			Crew
Broj članova posade	1 (Kapetan)	1 (captain)	Crew

Air Tractor AT-802 Fire Boss

Tehnički podaci			Technical data
Motor	Pratt & Whitney PT6A-67AG		Engine
Snaga	1 007 kW	1 350 shp	Power
Elisa (5 kraka)	Hartzell HC-B5MA-3D/M 11691 NS		(five blade) Propeller
Diametar krakova	2.92 m	9.58 ft	Propeller diameter

Dimenzije			Dimensions
Dužina	10.88 m	35.70 ft	Length
Visina	3.88 m	12.73 ft	Height
Raspon krila	17.68 m	58.00 ft	Wing span
Površina krila	37.25 m²	401.00 sq ft	Wing area

Težina			Weights
Operativna težina – prazan	3 941 kg	19 155 lb	Empty weight
Maks. poletna težina (na zemlji)	7 257 kg	16 000 lb	Max. take-off weight (land)
Maks. poletna težina (na vodi)	5 216 kg	11 499 lb	Max. take-off weight (water)
Maks. težina za skupljanje vode	7 257 kg	16 000 lb	Max. scooping weight
Koristan teret	3 316 kg	7 311lb	Useful load

Svojstva			Performance
Maks. brzina leta	290 km/h	155 kt	Max. speed
Maks. brzina s izvučenim zakrilcima	232 km/h	125 kt	Max. flap extended speed
Brzina odbacivanja vode	185–220 km/h	100–120 kt	Typical water drop speed
Brzina prevlačenja s izvučenim zakrilcima (5 670 kg)	118 km/h	64 kt	Stall speed 12 500 lb flaps extended
Brzina prevlačenja s izvučenim zakrilcima (7 257 kg)	135 km/h	73 kt	Stall speed 15 999 lb flaps extended
Brzina pri skupljanju vode	90–110 km/h	50–60 kt	Water scooping speed
Maks. visina leta	3 800 m	12 500 ft	Service ceiling
Istrajnost u zraku	5 h		Endurance
Istrajnost na požaru	4 h		Firefighting endurance
Maks. količina goriva	1 438 l	380 US gal	Fuel tank capacity
Potrošnja goriva	300 l/h	79 US gal/h	Fuel consumption
Potrošnja goriva na požarištu	370 l/h	98 US gal/h	Fuel consumption while firefighting
Kapacitet spremnika vode	3 081 l	814 US gal	Hopper capacity
Kapacitet spremnika pjene	295 l	78 US gal	Foam tank capacity
Put na vodi tijekom skupljanja (do 7 257 kg)	294 m	965 ft	Scooping distance 15 999 lb
Totalno prijeđeni put tijekom skupljanja vode, uključujući prepreku visine 16 m na oba kraja manevra	2 270 m	7 448 ft	Scooping distance (including 50 ft obstacle clearance on both ends)
Maks. dozvoljeno opterećenje ispod 5 216 kg	+3.25 to -1.3 g		Load factor limit below 11 499 lb
Maks. dozvoljeno opterećenje iznad 5 216 kg	+2.54 to -1.2 g		Load factor limit above 11 499 lb
Maks. dozvoljeno opterećenje s izvučenim zakrilcima	+2.0 to -0 g		Load factor limit flap extended
Maks. brzina bočne komponente vjetra prilikom slijetanja	31 km/h	17 kt	Max. crosswind velocity while landing

Posada			Crew
Broj članova posade	1 (Kapetan)	1 (captain)	Crew

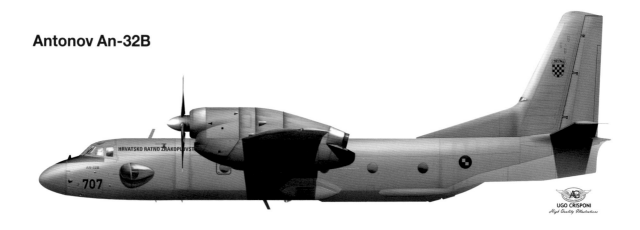

Antonov An-32B

Tehnički podaci			Technical Data
Motori	2x Motor Sich AI -20D		Engines
Snaga (pojedinačno)	3 862 kW	5 180 hp	Power (each)
Elisa (4 kraka)			(four blade) Propeller
Diametar krakova	4.70 m	15.42 ft	Propeller diameter

Dimenzije			Dimensions
Dužina	23.68 m	77.69 ft	Length
Visina	8.75 m	28.70 ft	Height
Raspon krila	29.20 m	95.80 ft	Wing span
Površina krila	74.98 m²	807.10 sq ft	Wing area

Dužina prostora za transport			Cargo Cabin Dimensions
Dužina	12.48 m	40.94 ft	Length
Visina	1.84 m	6.03 ft	Height
Širina	2.78 m	9.12 ft	Width

Težina			Weights
Operativna težina – prazan	16 800 kg	37 037 lb	Operating weight empty
Maks. poletna težina	27 000 kg	59 524 lb	Max. take-off weight
Maks. sletna težina	25 000 kg	55 115 lb	Max. landing weight
Maks. težina goriva	5 500 kg	12 125 lb	Max. fuel load
Maks. težina tereta	6 700 kg	14 770 lb	Max. cargo weight

Svojstva			Performance
Maks. brzina leta	460 km/h	248 kt	Max. cruise speed
Maks. brzina pri letu sa spuštenom rampom za teret	355 km/h	191 kt	Max. cargo door operating speed
Min. dužina uzleta	760 m	2 493 ft	Take-off run
Min. dužina sletanja	470 m	1 542 ft	Landing run
Brzina penjanja (prosječna)	457 m/min	1 500 ft/min	Climb rate (average)
Maks. visina leta	9 400 m	30 840 ft	Service ceiling
Maks. količina goriva	7 100 l	1 876 US gal	Fuel quantity
Prosječna potrošnja goriva	600 kg/h	203 US gal/h	Fuel consumption (average)
Dolet uz teret od 6 700 kg	900 km	486 nm	Transport range with 14 700 lb
Maks. broj putnika	40		Max. number of passengers
Maks. dopušteno opterećenje	+2.5 to 0 g		Design limit load factor

Posada			Crew
Broj članova posade	4 (Kapetan, kopilot, navigator i letač tehničar)	4 (captain, copilot, navigator and flight technician)	Crew

Bell 206B-3 JetRanger III

Tehnički podaci			Technical Data
Motor	Rolls-Royce (Allison) 250C-20J		Engine
Rotor (2 kraka)			(two blade) Rotor
Snaga	313 kW	420 shp	Power

Dimenzije			Dimensions
Ukupna dužina	11.90 m	39.00 ft	Overall length
Maks. visina	3.35 m	10.98 ft	Max. height
Diametar glavnog rotora	10.16 m	33.30 ft	Rotor diameter
Diametar repnog rotora	1.70 m	5.50 ft	Tail rotor diameter
Dužina trupa	9.50 m	31.20 ft	Fuselage length
Širina trupa	1.32 m	4.33 ft	Fuselage width
Visina kabine	1.20 m	3.94 ft	Cabin height
Širina kabine	1.20 m	3.94 ft	Cabin width
Dužina skija	2.59 m	8.49 ft	Skid length

Težina			Weights
Maks. dopuštena težina pri polijetanju	1 520 kg	3 350 lb	Max. take-off weight
Maks. dopuštena težina u prostoru za transport	113 kg	250 lb	Max. payload in cargo compartment
Maks. dopuštena težina u prostoru za putnike	430 kg	950 lb	Max. payload in passenger cabin
Maks. dopuštena težina vanjskog podvjesnog tereta	681 kg	1 500 lb	Cargo hook load limit
Min. dopuštena težina pilota	77 kg	170 lb	Min. pilot weight

Svojstva			Performance
Maks. brzina leta	240 km/h	130 kt	Never exceed speed
Maks. brzina leta s skinutim prednjim vratima	128 km/h	69 kt	Never exceed speed forward doors off
Maks. brzina leta s skinutim zadnjim vratima	161 km/h	87 kt	Never exceed speed aft doors off
Maks. dopuštena brzina u autorotaciji	185 km/h	100 kt	Never exceed speed in autorotation
Maks. visina leta	6 097 m	20 000 ft	Service ceiling
Maks. količina goriva	348 l	92 US gal	Fuel quantity
Prosječna potrošnja goriva	165 l/h	25 US gal/h	Average fuel consuption
Maks. dolet	700 km	378 nm	Max. range
Maks. broj putnika	3		Max. number of passengers
Maks. dopušteno opterećenje	+3.5 to -0.5 g		Load factor

Posada			Crew
Broj članova posade	2 (Kapetan, kopilot)	2 (captain, copilot)	Crew

Bombardier (Canadair) CL-415

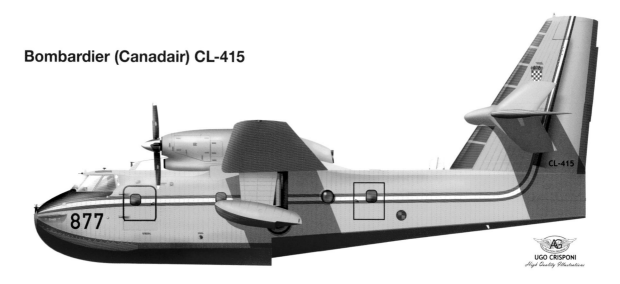

877

CL-415

UGO CRISPONI
High Quality Illustrations

Tehnički podaci			Technical data
Motori	2x Pratt & Whitney Canada PW123 AF		Engines
Snaga (pojedinačno)	1 775 kW	2 380 shp	Power (each)
Elisa (4 kraka)	Hamilton Sundstrand 14SF-19		(four blade) Propeller
Diametar krakova	3.97 m	13.03 ft	Propeller diameter

Dimenzije			Dimensions
Dužina	19.82 m	65.06 ft	Length overall
Visina (na zemlji)	8.98 m	24.46 ft	Height on land
Raspon krila	28.60 m	93.83 ft	Wing span
Površina krila	100.33 m²	1 080 sq ft	Wing area

Težina			Weights
Operativna težina – prazan	12 882 kg	28 400 lb	Operating weight empty
Maks. poletna težina (na zemlji)	19 890 kg	43 850 lb	Max. take-off weight (land)
Maks. poletna težina (na vodi)	17 168 kg	37 850 lb	Max. take-off weight (water)
Maks. sletna težina (na zemlji)	16 783 kg	37 000 lb	Max. landing weight (land)
Maks. sletna težina (na vodi)	16 783 kg	37 000 lb	Max. landing weight (water)
Maks. težina prije skupljanje vode	16 783 kg	37 000 lb	Max. prescooping weight
Maks. težina poslije skupljanje vode	21 319 kg	47 000 lb	Max. afterscooping weight

Svojstva			Performance
Maks. brzina leta	346 km/h	187 kt	Max. operating speed
Maks. brzina s izvučenim zakrilcima (10°, 15°, 25°)	256 / 256 / 220 km/h	138 kt, 138 kt, 119 kt	Max flap extended speed (10°, 15°, 25°)
Maks. brzina s izvučenim stajnim trapom	239 km/h	129 kt	Max. speed with landing gear extended
Maks. brzina za otvaranje vodenih vrata	239 km/h	129 kt	Max. speed for opening water doors
Maks. visina aerodroma za polijetanje i slijetanje	3 048 m	10 000 ft	Max. airport altitude for take-off & landing
Min. dužina uzleta (na zemlji)	814 m	2 620 ft	Take-off distance (land)
Min. dužina uzleta (na vodi)	844 m	2 770 ft	Take-off distance (water)
Min. dužina slijetanja (na zemlji)	664 m	2 180 ft	Landing distance (land)
Min. dužina slijetanja (na vodi)	674 m	2 210 ft	Landing distance (water)
Put na vodi tijekom skupljanja	1 341 m	4 400 ft	Scooping distance
Maks. brzina bočne komponente vjetra na polijetanju	41 km/h od 10 m	22 kt at 33 feet	Max. demonstrated crosswind for take-off
Maks. brzina bočne komponente vjetra na slijetanju	45 km/h od 10 m	24.5 kt at 33 feet	Max. demonstrated crosswind for landing
Maks. visina leta	6 096 m	20 000 ft	Max. operating altitude
Maks. količina goriva	5 796 l	1 531 US gal	Max. usable fuel load
Kapacitet spremnika vode	6 137 l	1 621 US gal	Max. water tank capacity
Kapacitet spremnika pjene	680 kg	1 500 lb	Foam concentrate reservoir
Maks. broj putnika	8		Max. number of passengers
Maks. dopušteno opterećenje (zakrilca 15°)	+ 3.25 to -1.0 g		Max. limit load factor (flaps 15°)

Posada			Crew
Broj članova posade	3 (Kapetan, kopilot i letač tehničar)	3 (captain, copilot and flight technician)	Crew

Mikoyan i Gurevich MiG-21bisD

Tehnički podaci			Technical Data
Motor	Tumanski R25-300		Engine
Snaga s drugim forsazom	97.11 kN	21 825 lb	Power with 2nd afterburner

Dimenzije			Dimensions
Dužina	15.40 m	50.52 ft	Length
Visina	4.15 m	13.62 ft	Height
Raspon krila	7.15 m	23.46 ft	Wing span
Površina krila	26.00 m²	280 sq ft	Wing area

Težina			Weights
Težina praznog aviona	6 003 kg	13 324 lb	Empty weight
Maks. poletna težina	10 470 kg	23 082 lb	Max. take-off weight
Maksimalna težina na slijetanju	7 300 kg	16 094 lb	Max. landing weight

Svojstva				Performance
Snaga bez dodatnog izgaranja	40.22 kN		9 040 lb	Power w/o afterburner
Snaga uz dodatno izgaranje	67.19 kN		15 106 lb	Power with afterburner
Maks. poletna snaga	79.65 kN		17 907 lb	Max. take-off power
Maks. brzina na razini mora	1 300 km/h		702 kt	Max. speed at sea level
Maks. brzina na visini	2 511 km/h	Mach 2.05	1 356 kt	Max. speed at altitude
Min. dužina uzleta	1 200 m		3 937 ft	Take-off run
Min. dužina sletanja	600 m		1 968 ft	Landing run
Vrijeme penjanja do 10 000 m		7 min		Time to climb to 32 808 ft
Maks. visina leta	17 000 m		55 774 ft	Operational ceiling
Maks. količina goriva	2 750 l 1 470 l		727 US gal 388 US gal	Fuel quantity (internal) (with 3 external tanks)
Potrošnja goriva (Lo-lo-lo)	2 880 l/h		761 US gal/h	Fuel consumption LO-LO-LO
Borbeni dolet (Lo-lo-lo)	260 km		140 nm	Combat radius (LO-LO-LO)
Maks. dopušteno opterećenje		+8.0 to -1.5 g		Load factor
Naoružanje	2-4 R-60 navođene rakete do 96 S-5 nevođene rakete do 4 S-24 nevođene rakete bombe do 1 000 kg ukupno top GŠ-23 s 250 granata		2-4 R-60 missiles up to 96 S-5 rockets up to 4 S-24 rockets bombs up to 1 000 kg cannon GSh-23/2 with 250 rounds	Armament

Posada			Crew
Broj članova posade	1 (Kapetan)	1 (pilot)	Crew

Mikoyan i Gurevich MiG-21UMD

Tehnički podaci			Technical Data
Motor		Tumanski R13-300	Engine

Dimenzije			Dimensions
Dužina	15.70 m	51.51 ft	Length
Visina	4.15 m	13.62 ft	Height
Raspon krila	7.15 m	23.46 ft	Wing span
Površina krila	26.00 m²	280 sq ft	Wing area

Težina			Weights
Težina praznog aviona	5 770 kg	12 721 lb	Empty weight
Maks. poletna težina	9 320 kg	20 547 lb	Max. take-off weight
Maksimalna težina na slijetanju	7 550 kg	16 645 lb	Max. landing weight

Svojstva				Performance
Snaga bez dodatnog izgaranja	40.22 kN		9 040 lb	Power w/o afterburner
Snaga uz dodatno izgaranje	64.74 kN		14 555 lb	Power with afterburner
Maks. brzina na razini mora	1 200 km/h		648 kt	Max. speed at sea level
Maks. brzina na visini	2 511 km/h	Mach 2.05	1 356 kt	Max. speed at altidude
Min. dužina uzleta	1 100 m		3 609 ft	Take-off run
Min. dužina sletanja	600 m		1 968 ft	Landing run
Vrijeme penjanja do 10 000 m		8 min		Time to climb to 32 808 ft
Maks. visina leta	18 000 m		59 055 ft	Operational ceiling
Maks. količina goriva	2 350 l		621 US gal	Fuel quantity (internal)
	490 l		129 US gal	(with 1 external tank)
Potrošnja goriva (Lo-lo-lo)	2 520 l/h		666 US gal/h	Fuel consumption LO-LO-LO
Borbeni dolet (Lo-lo-lo)	220 km		119 nm	Combat radius (LO-LO-LO)
Maks. dopušteno opterećenje		+7.0 to -1.5 g		Load factor
Naoružanje	do 32 S-5 nevođene rakete bombe do 1 000 kg ukupno		up to 32 S-5 rockets bombs up to 1 000 kg	Armament

Posada			Crew
Broj članova posade	2 (Pilot & nastavnik letenja)	2 (pilot & flight instructor)	Crew

MIL Mi-8T

Tehnički podaci			Technical Data
Motori	2x Isotov TV2-117A		Engines
Rotor (5 kraka)			(five blade) Main rotor
Snaga (pojedinačno)	1 100 kW	1 500 shp	Power (each)

Dimenzije			Dimensions
Dužina helikoptera bez rotora	18.20 m	59.76 ft	Helicopter length w/o rotors
Dužina helikoptera s rotorima	25.35 m	83.15 ft	Helicopter length with rotors
Visina helikoptera bez rotora	4.76 m	15.60 ft	Helicopter height w/o rotors
Visina helikoptera s rotorima	5.52 m	18.11 ft	Helicopter height with rotors
Dužina prostora za transport bez teretnih vrata/rampe	5.34 m	17.52 ft	Cabin length w/o cabin doors/ramp
Širina prostora za transport	2.34 m	7.67 ft	Cabin width
Visina prostora za transport	1.80 m	5.90 ft	Cabin height
Diametar glavnog rotora	21.30 m	69.84 ft	Main rotor diameter
Diametar repnog rotora	3.91 m	12.82 ft	Tail rotor diameter

Težina			Weights
Operativna težina – prazan	6 965 kg	15 323 lb	Empty weight
Normalna poletna težina	11 100 kg	24 420 lb	Normal take-off weight
Maks. poletna težina	12 000 kg	26 400 lb	Max. take-off weight
Maks. težina tereta u prostoru za transport	4 000 kg	9 756 lb	Max. payload (cabin)
Maks. težina vanjskog podvjesnog tereta	3 000 kg	6 600 lb	Max. payload (underslung)
Maks. težina tereta na lpg dizalici	150 kg	330 lb	Max. payload (hoist LPG-150)

Svojstva			Performance
Maks. brzina	250 km/h	135 kt	Max. speed
Brzina krstarenja (normalna poletna težina)	225 km/h	122 kt	Cruise speed (normal take-off weight)
Maks. visina leta pri m <11 100 kg	4 500 m	14 760 ft	Service ceiling (weight < 24 420 lb)
Maks. visina leta pri m >11 100 kg	4 000 m	13 120 ft	Service ceiling (weight > 24 420 lb)
Maks. količina goriva u osnovnim spremnicima	1 870 l	494 US gal	Max. fuel load (main fuel tanks)
Maks. količina goriva s dopunskim spremnicima	3 700 l	977 US gal	Max. fuel load (with auxiliary fuel tanks)
Dolet (s gorivom u glavnim spremnicima	465 km	251 nm	Range (main fuel tanks)
Dolet (s gorivom u dopunskim spremnicima	930 km	502 nm	Range (with auxiliary fuel tanks)
Maks. broj vojnika s punom ratnom spremom	24		Max. number of soldiers (full combat)
Maks. broj ranjenika na nosilima	12		Max. number of wounded (on strechers)

Posada		Crew
Broj članova posade	3 (Kapetan, kopilot i letač tehničar)	3 (captain, copilot & flight technician)	Crew

MIL Mi-8 MTV

Tehnički podaci			Technical Data
Motori	2x Klimov TV3-117VM		Engines
Rotor (5 kraka)			(five blade) Main rotor
Snaga (pojedinačno)	1 470 kW	2 000 shp	Power (each)

Dimenzije			Dimensions
Dužina helikoptera bez rotora	18.42 m	60.43 ft	Helicopter length w/o rotors
Dužina helikoptera s rotorima	25.35 m	83.15 ft	Helicopter length with rotors
Visina helikoptera bez rotora	4.76 m	15.60 ft	Helicopter height w/o rotors
Visina helikoptera s rotorima	5.52 m	18.11 ft	Helicopter height with rotors
Dužina prostora za transport bez teretnih vrata/rampe	5.34 m	17.52 ft	Cabin length w/o cabin doors/ramp
Širina prostora za transport	2.34 m	7.67 ft	Cabin width
Visina prostora za transport	1.80 m	5.90 ft	Cabin height
Diametar glavnog rotora	21.29 m	69.84 ft	Main rotor diameter
Diametar repnog rotora	3.91 m	12.82 ft	Tail rotor diameter

Težina			Weights
Operativna težina – prazan	7 077 kg	15 569 lb	Empty weight
Normalna poletna težina	11 100 kg	24 420 lb	Normal take-off weight
Maks. poletna težina	13 000 kg	31 707lb	Max. take-off weight
Maks. težina tereta u prostoru za transport	4 000 kg	9 756 lb	Max. payload (cabin)
Maks. težina vanjskog podvjesnog tereta	3 000 kg	6 600 lb	Max. payload (underslung)
Maks. težina tereta na lpg dizalici	150 kg	330 lb	Max. payload (hoist LPG-150)

Svojstva			Performance
Maks. brzina	250 km/h	135 kt	Max. speed
Brzina krstarenja (normalna poletna težina)	230 km/h	124 kt	Cruise speed (normal take-off weight)
Snaga na izvanrednom režimu	1 617 kW	2 200 shp	Emergency power/one engine inoperabile
Maks. visina leta pri m <11 100 kg	6 000 m	19 686 ft	Service ceiling (weight < 24 420 lb)
Maks. visina leta pri m >11 100 kg	4 800 m	15 744 ft	Service ceiling (weight > 24 420 lb)
Maks. količina goriva u osnovnim spremnicima	2 635 l	696 US gal	Max. fuel load (main fuel tanks)
Maks. količina goriva s dopunskim spremnicima	4 465 l	1 180 US gal	Max. fuel load (with auxiliary fuel tanks)
Dolet (s gorivom u glavnim spremnicima)	495 km	267 nm	Range (main fuel tanks)
Dolet (s gorivom u dopunskim spremnicima)	950 km	513 nm	Range (with auxiliary fuel tanks)
Maks. broj vojnika s punom ratnom spremom	24		Max. number of soldiers (full combat)
Maks. broj ranjenika na nosilima	12		Max. number of wounded (on strechers)

Posada			Crew
Broj članova posade	3 (Kapetan, kopilot i letač tehničar)	3 (captain, copilot & flight technician)	Crew

MIL Mi-171Sh

Tehnički podaci			Technical Data
Motori	2x Klimov TV3-117VM		Engines
Rotor (5 kraka)			(five blade) Main rotor
Snaga (pojedinačno)	1 470 kW	2 000 shp	Power (each)

Dimenzije			Dimensions
Dužina helikoptera bez rotora	18.42 m	60.43 ft	Helicopter length w/o rotors
Dužina helikoptera s rotorima	25.35 m	83.15 ft	Helicopter length with rotors
Visina helikoptera bez rotora	4.76 m	15.60 ft	Helicopter height w/o rotors
Visina helikoptera s rotorima	5.52 m	18.11 ft	Helicopter height with rotors
Dužina prostora za transport bez teretnih vrata/rampe	5.34 m	17.52 ft	Cabin length w/o cabin doors/ramp
Širina prostora za transport	2.34 m	7.67 ft	Cabin width
Visina prostora za transport	1.80 m	5.90 ft	Cabin height
Diametar glavnog rotora	21.29 m	69.84 ft	Main rotor diameter
Diametar repnog rotora	3.91 m	12.82 ft	Tail rotor diameter

Težina			Weights
Operativna težina – prazan	7 900 kg	17 380 lb	Empty weight
Normalna poletna težina	11 100 kg	24 420 lb	Normal take-off weight
Maks. poletna težina	13 000 kg	31 707lb	Max. take-off weight
Maks. težina tereta u prostoru za transport	4 000 kg	9 756 lb	Max. payload (cabin)
Maks. težina vanjskog podvjesnog tereta	4 000 kg	9 756 lb	Max. payload (underslung)
Maks. težina tereta na lpg dizalici	150 kg	330 lb	Max. payload (hoist LPG-150)
Maks. težina tereta na slg dizalici	300 kg	660 lb	Max. payload (hoist SLG-300)

Svojstva			Performance
Maks. brzina	250 km/h	135 kt	Max. speed
Brzina krstarenja (normalna poletna težina)	230 km/h	124 kt	Cruise speed (normal take-off weight)
Snaga na izvanrednom režimu	1 617 kW	2 200 shp	Emergency power/one engine inoperabile
Maks. visina leta pri m <11 100 kg	6 000 m	19 686 ft	Service ceiling (weight < 24 420 lb)
Maks. visina leta pri m >11 100 kg	4 800 m	15 744 ft	Service ceiling (weight > 24 420 lb)
Maks. količina goriva u osnovnim spremnicima	2 665 l	692.9 US gal	Max. fuel load (main fuel tanks)
Maks. količina goriva s dopunskim spremnicima	4 495 l	1 168.7 US gal	Max. fuel load (with auxiliary fuel tanks)
Dolet (s gorivom u glavnim spremnicima)	580 km	313 nm	Range (main fuel tanks)
Dolet (s gorivom u dopunskim spremnicima)	1 065 km	575 nm	Range (with auxiliary fuel tanks)
Maks. broj vojnika s punom ratnom spremom	32		Max. number of soldiers (full combat)
Maks. broj ranjenika na nosilima	12		Max. number of wounded (on strechers)
Naoružanje	do četiri lansera s po 20 nevođenih raketa S-8 80 mm/3.2 in; 4 točke za PKT strojnice	up to 4 rocket pods; each containing 20 unguided rockets S-8 80 mm/3.2 in; 4 hardpoints for PKT machine guns	Armament
Sustavi samoobrane	aSO-2V izbacivač IC/radarskih mamaca (4 kazete, svaka sadrži 32 mamca); LIPA IC ometač	ASO-2V chaff/flare dispenser system (4 cartriges each containing 32 chaffs/flares); LIPA IR jammer	Self-defence systems

Posada			Crew
Broj članova posade	3 (Kapetan, kopilot i letač tehničar)	3 (captain, copilot & flight technician)	Crew

Pilatus PC-9M

Tehnički podaci			Technical Data
Motor	Pratt & Whitney Canada PT6A-62		Engine
Snaga	708 kW	950 shp	Power
Elisa (4 kraka)	Hartzell HC-D4N-ZA/09512A		(four blade) Propeller
Diametar krakova	2.44 m	8.00 ft	Propeller diameter

Dimenzije			Dimensions
Dužina	10.18 m	33.40 ft	Length
Visina	3.26 m	10.70 ft	Height
Raspon krila	10.19 m	33.43 ft	Wing span
Površina krila	16.29 m²	175.30 sq ft	Wing area

Težina			Weights
Operativna težina – prazan	1 725 kg	3 803 lb	Empty weight
Maks. težina zrakoplova	2 360 kg	5 192 lb	Max. aircraft weight
Maks. poletna težina	2 350 kg	5 170 lb	Max. take-off weight
Maks. sletna težina	2 350 kg	5 170 lb	Max. landing weight

Svojstva			Performance
Maks. brzina	593 km/h	320 kt	Max. speed
Brzina prevlačenja	130 km/h	70 kt	Stall speed
Brzina polijetanja	150 km/h	80 kt	Take-off speed
Brzina slijetanja	150 km/h	80 kt	Landing speed
Min. dužina uzleta	243 m	795 ft	Take-off run
Min. dužina sletanja	351 m	1 150 ft	Landing run
Okomito penjanje	15 sec		Vertical climb
Okomito poniranje (sa snagom)	3 sec		Vertical dive (with power)
Okomito poniranje (bez snage)	20 sec		Vertical dive (idle)
Negativni let	60 sec		Inverted flight
Maks. visina leta	7 500 m	25 000 ft	Service ceiling
Maks. količina goriva	518 l	136.84 US gal	Fuel quantity
Maks. dolet	1 482 km	800 nm	Max. range
Maks. dopušteno opterećenje	+7.0 to -3.5 g		Max. load factor

Posada			Crew
Broj članova posade	2 (Kapetan, kopilot)	2 (instructor pilot & cadet)	Crew

Zlin Z 242L

Tehnički podaci			Technical Data
Motor	Textron Lycoming AEIO-360-A1B6 atmospheric		Engine
Snaga	200 hp	149.14 kW	Power
Elisa (3 kraka)	Hartzell HC-C3YR-4BF/FC 6890		(three blade) Propeller
Diametar krakova	1.78 m	5.84 ft	Propeller diameter

Dimenzije			Dimensions
Dužina	6.94 m	22.77 ft	Length
Visina	2.95 m	9.86 ft	Height
Raspon krila	9.34 m	30.64 ft	Wing span
Površina krila	13.86 m²	149.20 sq ft	Wing area

Težina			Weights
Operativna težina – prazan	730 kg	1 609 lb	Empty weight
Maks. poletna težina (aerobatic)	970 kg	2 140 lb	Max. take-off weight (aerobatic)
Maks. poletna težina (normalna)	1 090 kg	2 400 lb	Max. take-off weight (normal)
Maks. sletna težina (aerobatic)	970 kg	2 140 lb	Max. landing weight (aerobatic)
Maks. sletna težina (normalna)	1 050 kg	2 315 lb	Max. landing weight (normal)

Svojstva			Performance
Maks. brzina leta	318 km/h	172 kt	Never exceed speed
Min. dužina uzleta (aerobatic)	210 m	689 ft	Take-off run (aerobatic)
Min. dužina uzleta (normalna)	266 m	873 ft	Take-off run (normal)
Min. dužina sletanja (aerobatic)	245 m	805 ft	Landing run (aerobatic)
Min. dužina sletanja (normalna)	265 m	870 ft	Landing run (normal)
Maks. brzina penjanja (aerobatic)	5.50 m/s	1 080 ft/min	Max. climb rate (aerobatic)
Maks. brzina penjanja (normal)	4.25 m/s	850 ft/min	Max. climb rate (normal)
Maks. visina leta	4 800 m	15 748 ft	Service ceiling
Maks. količina goriva	120 l	32 US gal	Fuel quantity
Maks. potrošnja goriva (puna snaga)	61 l/h	16.1 US gal/h	Max. fuel consumption (@ max. continuous power)
Maks. dolet	495 km	267 nm	Max. range
Maks. dopušteno opterećenje (aerobatic)	+6.0 to -3.5 g		Load factor (aerobatic)
Maks. dopušteno opterećenje (normalno)	+3.8 to -1.5 g		Load factor (normal)

Posada			Crew
Broj članova posade	2 (Kapetan, kopilot)	2 (instructor pilot & cadet)	Crew

Hrvatsko ratno zrakoplovstvo i protuzračna obrana
Croatian Air Force & Air Defence

91. Zrakoplovna baza (91. ZB)
91st Air Base

Eskadrila borbenih aviona (EBA)
Fighter Squadron

Eskadrila transportnih aviona (ETA)
Transport Squadron

Eskadrila višenamjenskih helikoptera (EVH)
Utility Helicopter Squadron

Bojna ZTO Zagreb Pleso
Maintenance Battalion Air Base Pleso

ZT Bojna ZB Pula
Maintenance Battalion Air Base Pula

93. Zrakoplovna baza (93. ZB)
93rd Air Base

Eskadrila aviona (EA)
Fixed-Wing Aircraft Squadron

Eskadrila helikoptera (EH)
Helicopter Squadron

Protupožarna eskadrila (PPE)
Firefighting Squadron

Transportna eskadrila (TA)
Transport Squadron

Krila Oluje (KO)
Wings of Storm

E.A. (Eskadrila aviona) satnija Z.T.O.
*Aircraft Squadron Maintenance Company –
Air Base Zadar*

Učilište Hrvatskog ratnog zrakoplovstva
"Rudolf Perešin"
Air Force Academy 'Rudolf Perešin'

Naraštaji kadeta Hrvatskog ratnog zrakoplovstva
Cadet's Badges of the Croatian Air Force

Prvi naraštaj promaknut 28. svibnja 1997.
1st Generation graduated on 28 May 1997

Šesti naraštaj promaknut 5. srpnja 2002.
6th Generation graduated on 5 July 2002

Drugi naraštaj promaknut 28. svibnja 1998.
2nd Generation graduated on 28 May 1998

Sedmi naraštaj promaknut 23. lipnja 2003.
7th Generation graduated on 23 June 2003

Treći naraštaj promaknut 28. svibnja 1999.
3rd Generation graduated on 28 May 1999

Osmi naraštaj promaknut 25. lipnja 2004.
8th Generation graduated on 25 June 2004

Četvrti naraštaj promaknut 5. srpnja 2000.
4th Generation graduated on 5 July 2000

Deveti naraštaj promaknut 25. lipnja 2005.
9th Generation graduated on 25 June 2005

Peti naraštaj promaknut 5. srpnja 2001.
5th Generation graduated on 5 July 2001

Deseti naraštaj promaknut 25. lipnja 2006.
10th Generation graduated on 25 June 2006